朝讀經典

敬業樂群

國小‧中年級

馮天瑜／主編

4

本書編委會

主　編　馮天瑜

副主編　曾　暉

編　委　（以姓氏筆畫為序）

王林偉　左松濤　邢曉明　劉　耀

江俊偉　余來明　陳文新　鍾書林

姜海龍　姚彬彬　徐　駱　謝遠筍

本套讀本的編寫，遵循如下原則：

一、注重中華文化的弘揚與教育。本套讀本從浩如煙海的傳統文化典籍中，遴選能夠涵養做人處事價值觀的、千古傳誦的經典原文，使學生透過誦讀學習，由淺入深地提高對中華文化的認知度，潛移默化地增強對文化的自覺與自信，認真汲取其思想精華和道德精髓，真正實現中華文化在青少年身上的傳承與弘揚。

二、尊重中華文化自身固有的特性。從「國文」（語言文字）、「國史」（歷史統系）、「國倫」（倫理道德）三個層面選取古典篇目，兼顧德性培育、知性開發與美感薰陶。因為中華文化本身即是「國文」「國史」與「國倫」的綜合，德性、知性與美感的統一。

三、 尊重學生發展不同階段的特點。選取篇目力求平和中正，典雅優美，貼近生活，明白曉暢，讀來趣味盎然；由易到難，由淺入深，循序漸進，合理編排，使學生先領會傳統文化的趣、美、真，進而達於善。

四、 兼顧篇章組合的系統性和多元性。以家國情懷、社會關愛、人格修養為主線，分主題展示中華文化。篇目選取不限某家某派，不拘文類，義理、詩文、史傳等兼收並蓄，異彩分呈。同時注意選文的易誦易記，便於學生誦讀。

中華文化源遠流長，凝聚著古聖先賢的智慧，亦是安身立命的基礎與根本。本套書古今貫通，傳承優秀文化；兼收並蓄，汲取異域英華，對推動中華文化創造性轉化、創新性發展，以及培育才德兼備的下一代，意義深遠。

本書編委會

目　錄

/第一單元/　報國忠

1. 白馬篇（節選） 2
2. 出自薊北門行（節選） 5
3. 過零丁洋 8
4. 盡忠報國 11
5. 赴戍登程口占示家人
　（節選） 14

/第二單元/　民為貴

6. 民為貴 20
7. 愛人為大 23
8. 仁者愛人 26
9. 百姓為天 29
10. 愛民利民 32

/第三單元/　樂合群

11. 人能群 38
12. 敬業樂群 41
13. 君子之交 44
14. 詩可以群 47

/第四單元/　嚴律己

15. 君子之道 53
16. 律己愛民 56
17. 敦品勵行 59
18. 不負暗室 62
19. 查道掛錢 65

/第五單元/　心專一

20. 專心一志 71
21. 高鳳誦經 74
22. 心不兩用 77
23. 王冕好學 80

/第六單元/　山水趣

24. 樂山樂水 86
25. 山居即事 89
26. 壽陽曲・遠浦帆歸 92
27. 雁兒落兼得勝令・
　　退隱（節選） 95

第一單元

報國忠

　　熱愛國家，報效社會，是一份責任，更是一種感情。當外敵入侵、國家危難之時，古代的仁人志士，滿懷強烈的愛國激情，為了國家，拋頭顱、灑熱血。他們身上所體現出的忠貞和氣節，千百年後仍深深地打動著我們。

❶白馬篇（節選）①

〔三國〕曹植

羽檄^{ㄒㄧˊ}②從北來，厲馬③登高堤。

長驅蹈匈奴④，左顧凌鮮卑⑤。

棄身鋒刃端，性命安可懷⑥？

父母且不顧，何言子與妻！

名在⑦壯士籍，不得中顧⑧私。

捐軀赴國難，視死忽如歸！

①選自《曹植集校注》（人民文學出版社 1984 年版）。
②羽檄：古代的軍事文書，插上羽毛，表示軍情緊急。
③厲馬：揚鞭策馬。
④匈奴：古代北方的少數民族之一。
⑤鮮卑：古代北方的少數民族之一。
⑥懷：顧惜。
⑦在：一作「編」。
⑧中顧：內心顧念。

　　告急軍書從北方傳來，壯士揚鞭策馬躍上高堤。長驅直入匈奴巢穴，再回師掃平鮮卑敵騎。置身於刀林箭雨當中，哪裡還能顧惜自己的性命安危呢？父母尚且無暇顧及，更不用說兒女和嬌妻。既然已名列壯士名冊，就不能再去顧念個人私利。面對國家危難奮不顧身，對待死亡就像回歸故里一樣坦然！

盡力為國，不可念私。國家大好河山，寸土不能丟失。

《江格爾》

　　《江格爾》是蒙古族的一部長篇英雄史詩，主要流傳在新疆各地的蒙古族當中。整部史詩由許多愛國愛家的英雄故事組成，主要講述以江格爾為首的十二名英雄，收服許多部落，建立起一個強盛國家的故事。每個故事獨立成章。整部史詩的篇章至今沒有準確數字，國內外已經收集到的共有六十多部，長達十萬行左右。演唱者以牧民為主，能唱五章以上的人被稱為「江格爾奇」。

❷出自薊ㄐㄧˋ北門行（節選）①

〔南北朝〕鮑照

時危見臣節，

世亂識忠良。

投軀②報明主，

身死為國殤ㄕㄤ③。

注 釋

①選自《樂府詩集》（中華書局 1979 年版）。薊，古代燕
　國京城，在今北京城西南。
②投軀：捨身，獻身。
③國殤：為國犧牲的人。

 文 意

　　時局危難，才能看得出臣子的節操，天下大亂，方能
識別誰是忠良。將士們為了報答君恩而投身戰場，不惜為
國犧牲。

殺身成仁，報效國家，這是無數愛國志士的吶喊，驚天地，
泣鬼神。

《瑪納斯》

　　《瑪納斯》是柯爾克孜族的英雄史詩，講述瑪納斯家族子孫八代，在不同時期，帶領族人保衛家園的英雄事蹟，反映了12世紀至18世紀柯爾克孜族的社會生活。《瑪納斯》中國版共二十餘萬行，分為八部，其中第一部內容最為豐富、最具英雄史詩特點。演唱《瑪納斯》的歌手被稱為「瑪納斯奇」，他們可以用二十多種曲調演唱。

❸ 過零丁洋①

〔宋〕文天祥

辛苦遭逢② 起一經③，干戈寥_{ㄌㄧㄠˊ}落④ 四周星⑤。

山河破碎風飄絮_{ㄒㄩˋ}，身世浮沉雨打萍。

惶_{ㄏㄨㄤˊ}恐灘⑥ 頭說惶恐，零丁洋裡歎零丁。

人生自古誰無死？留取丹心⑦ 照汗青⑧。

①選自《宋詩選》（上海書店 1993 年版）。零丁洋，亦作
「伶仃洋」，在廣東省珠江口。

②遭逢：遭遇。這裡指遇到朝廷選拔人才。

③起一經：這裡指通過科舉考試進入官場。

④寥落：冷清，稀疏。這裡指宋元之間的戰事接近尾聲。

⑤四周星：四周年。從德祐元年（1275 年）正月起兵抗元
至被俘前後共四年。

⑥惶恐灘：在今江西萬安境內。文天祥曾在江西戰敗，經
過此灘。

⑦丹心：赤誠之心。

⑧汗青：古時候在竹簡上寫字，先用火烤青竹，使水分如
汗滲出，以防蟲蛀，故稱書簡為汗青。這裡特指史冊。

 文 意

　　歷盡艱難困苦，通過科舉考試進入官場，如今起兵抗
元，已經多年。戰亂中，山河破碎，像被風吹散的柳絮，
一生浮浮沉沉，像被暴雨不斷擊打的浮萍。上次戰敗後，
在惶恐灘頭訴說心中惶恐，在零丁洋中感歎自己孤苦零丁。
自古以來，誰沒一死？我要為國捐軀，留下赤誠忠心，光
照史冊。

捨身報國，忠貞不屈，這是一種高尚的情操。

文天祥寧死不屈

　　文天祥（1236—1283），南宋抗元名將，江西吉州廬陵（今江西吉安）人。至元十五年（1278年），文天祥在廣東海豐兵敗被俘，第二年被押解至元大都（今北京）。在被囚的幾年中，元朝統治者對他軟硬兼施，威逼利誘，文天祥絲毫不為所動，誓死不屈，決心以身報國。在濕熱、腐臭的牢房中，文天祥寫下了名垂千古的〈正氣歌〉。至元十九年十二月初九日（1283年1月9日），文天祥從容就義，終年四十七歲。

❹盡忠報國①

《宋史・岳飛傳》

檜_{ㄎㄨㄞ}②遣使捕飛③父子證張憲④事，使者至，飛笑曰：「皇天后土，可表此心。」初命何鑄⑤鞠_{ㄐㄩ}⑥之，飛裂裳，以背示鑄，有「盡忠報國」四大字，深入膚理⑦。

①選自《宋史》（中華書局 1985 年版）。標題為編者所加。
②檜：秦檜，南宋奸臣。
③飛：岳飛，南宋著名抗金統帥。
④張憲：南宋著名抗金將領。
⑤何鑄：南宋官員。
⑥鞫：通「鞠」（ㄐㄩˊ），審訊。
⑦膚理：皮膚的紋理。

　　秦檜派遣使者去抓捕岳飛父子來提供張憲有罪的證據，使者到了以後，岳飛笑著說：「我的一片忠心天地可鑑。」開始的時候，秦檜下令由何鑄對岳飛進行審問，岳飛撕開衣裳，把後背露給何鑄看，上面刺有「盡忠報國」四個大字，已經深入皮膚的紋理中。

　　還我河山，一片忠心為報國。岳飛為國盡忠，是萬世楷模。

抗金名將岳飛

　　岳飛（1103—1142），字鵬舉，相州湯陰（今屬河南）人，中國歷史上著名的軍事家、戰略家，南宋傑出的抗金統帥。他率領的「岳家軍」軍紀嚴明，英勇善戰，號稱「凍死不拆屋，餓死不擄掠」，同金軍進行了大小數百次戰鬥，所向披靡，收復了很多失地，令金人聞風喪膽，金人流傳有「撼山易，撼岳家軍難」的哀歎。後來，岳飛遭到奸臣秦檜等人的誣陷，被捕入獄。紹興十二年（1142年），因「莫須有」（即「或許有」）的罪名，岳飛與長子岳雲及部將張憲一同被殺害，時年三十九歲。宋孝宗時，為岳飛冤案平反，追諡武穆。宋寧宗時，追封為鄂王。岳飛寫的詞作〈滿江紅·怒髮衝冠〉，是千古傳誦的愛國名篇。

❺赴戍登程口占示家人（節選）①

〔清〕林則徐

力微任重久神疲②，

再竭衰庸ㄐㄩㄥ③定不支。

苟利國家生死以④，

豈因禍福避趨⑤之？

注 釋

①選自《林則徐詩文選注》（上海古籍出版社1978年版）。
　口占，即興作詩詞，不打草稿，隨口吟誦出來。
②神疲：精神困乏。
③衰庸：衰老而無能。這裡是謙虛的說法。
④以：用。
⑤避趨：退避與向前。

文 意

　　我以微薄的力量為國家擔當重任，早已感到精神疲憊，如果繼續下去，再而衰，三而竭，以我衰弱的體質和平庸的才幹，必定無法支撐。可是只要對國家有利，我仍然會不顧生死全力以赴，哪能因為害怕災禍就逃避，有好處就上前呢？

愛國，是一種矢志不渝的信念。對國家的忠誠與熱愛，不會因為個人的得失而改變。

《格薩爾》

　　《格薩爾》與《江格爾》《瑪納斯》並稱為中國少數民族的三大英雄史詩。《格薩爾》是中國藏族民間說唱體長篇史詩，也是目前所知世界上最長的一部史詩，從遙遠的古代傳唱至今，主要流傳於中國青藏高原的藏族、蒙古族、土族、裕固族、納西族、普米族等民族中，尼泊爾、不丹等國家和地區也有流傳。《格薩爾》講述了主人公格薩爾王保家衛國的英雄事蹟，如賽馬稱王、降妖除魔、統一各部等。漢語出版的相關故事集有《格薩爾王傳》《嶺·格薩爾》等。

行知園

口能誦

我會背：
羽檄從北來⋯⋯

我會背：
時危見臣節⋯⋯

我會背文天祥的
〈過零丁洋〉。

我會背：檜遣使
捕飛父子⋯⋯

我會背：力微任重久神疲⋯⋯

學而思

愛國詩詞還有許多，讀讀下面這首詩，試著說一說它的意思。

出　塞

〔唐〕王昌齡

秦時明月漢時關，萬里長征人未還。
但使龍城飛將在，不教胡馬度陰山。

行且勉

　　古代的愛國志士還有很多，請查閱資料，給大家說一說他們的故事，再說一說自己的感受。

我知道屈原的故事……

我知道蘇武的故事……

民為貴

　　「民貴君輕」是中國古代樸素的民主思想。它告訴我們，百姓是最寶貴的，百姓的利益是至高無上的。和百姓比起來，國家是次要的，國君則是分量最輕的。「民為貴」的思想是兩千多年來中國封建社會中最響亮的民主呼聲。

❻民為貴①

《孟子‧盡心下》

民為貴，社稷②次之，君為輕。是故得乎丘③民而為天子，得乎天子為諸侯，得乎諸侯為大夫。諸侯危社稷，則變置④。

①選自《四書章句集注》（中華書局 1983 年版）。標題為
　編者所加。
②社稷：土神和穀神。古時君主都祭祀社稷，後來用社稷
　代表國家。社，土神。稷，穀神。
③丘：眾。
④變置：改立。

文 意

　　百姓最為重要，國家其次，國君最輕。所以，得到百
姓擁護的人可以做天子，得到天子扶持的人可以做諸侯，
得到諸侯賞識的人可以做大夫。諸侯危害到國家，那就當
改立。

人民是國家的主體，應當擺在第一位。
歷史上各個朝代，都是得民心者興盛，
失民心者衰落。

民本思想

　　「民為貴」，體現了民本思想。民本思想是中國傳統文化中極其重要的政治思想，它在商周時代已見端倪。《尚書·五子之歌》中的「民惟邦本，本固邦寧」，就體現了這一時代政治生活中的原始民主色彩。

　　到戰國中期，孟子發展了孔子以「仁」為核心的民本思想，強調「民為貴，社稷次之，君為輕」，告誡統治者要「愛民」「利民」，輕刑薄賦，聽政於民，與民同樂。

❼愛人為大①

《禮記·哀公問》

古之為政，愛人為大。不能愛人，不能有其身②；不能有其身，不能安土③；不能安土，不能樂天④；不能樂天，不能成其身⑤。

舜帝像

注 釋

①選自《禮記集解》（中華書局 1989 年版）。標題為編者
　所加。
②有其身：保全自身。
③安土：安於鄉土。
④樂天：樂於順應天命，安於自己的處境而沒有任何憂慮。
⑤成其身：成就自身。

文 意

　　古代的人治理國家，把愛護民眾當作頭等大事。不能
夠愛護他人的人，就不能保全自身；不能保全自身，就不
能安居樂業；不能安居樂業，就不能樂天知命；不能樂天
知命，就不能夠成就自身。

仁愛是做人的根本。愛護百姓，讓百姓安居樂業，國家才
能繁榮富強。

《禮記》

　　《禮記》，相傳是西漢戴聖對秦漢以前的漢族禮儀文獻進行輯錄並編纂而成的，共四十九篇。《禮記》集中表現出先秦儒家的政治、哲學和倫理思想，是研究中國古代社會生活、典章制度和儒家思想的重要著作，與《周禮》《儀禮》合稱「三禮」。東漢末年，著名學者鄭玄為《禮記》作了出色的注解，後來這本書便盛行不衰，並逐漸被奉為經典，與《周易》《尚書》《詩經》《周禮》《儀禮》《春秋左氏傳》《春秋公羊傳》《春秋穀梁傳》《論語》《孝經》《爾雅》《孟子》，合稱「十三經」，成為儒學的核心文獻。

❽仁者愛人①

《孟子‧離婁下》

孟子曰：「仁者愛人，有禮者敬人。愛人者人恒②愛之，敬人者人恒敬之。」

注 釋

①選自《四書章句集注》（中華書局 1983 年版）。標題為
　編者所加。
②恒：總是，常常。

文 意

　　孟子說：「有仁德的人會關愛別人，講禮節的人會尊
重別人。關愛別人的人，別人也常常會關愛他；尊重別人
的人，別人也總是會尊重他。」

關愛與尊重，是相互的。只要人人都懂得關愛和尊重他人，
社會就會越來越和諧美好。

古代的敬稱

令尊：稱對方的父親。

令堂：稱對方的母親。

令郎：稱對方的兒子。

令愛（令嬡）：稱對方的女兒。

尊上：稱對方的父母。

尊駕：稱對方。

閣下：稱對方。

先賢：稱已經去世的有才德的人。

先考（先父）：稱已經去世的父親。

先慈〔先妣（ㄅㄧˇ）〕：稱已經去世的母親。

❾百姓為天①

〔漢〕劉向

齊桓公問管仲②曰：「王者何貴③？」曰：「貴天。」桓公仰而視天。管仲曰：「所謂天者，非蒼蒼莽莽之天也，君人者④以百姓為天。百姓與⑤之則安，輔之則強，非⑥之則危，背之則亡。《詩》云：『人而無良，相怨一方。』民怨其上，不遂⑦亡者，未之有也。」

注　釋

①選自《說苑校證》（中華書局 1987 年版）。標題為編者
　所加。
②管仲：齊桓公的賢相，名夷吾，輔佐桓公成就霸業。
③貴：以……為貴。
④君人者：統治百姓的人。
⑤與：依附，擁護愛戴。
⑥非：反對。
⑦遂：終於，終究。

文　意

　　齊桓公問管仲：「國君應該把什麼當作最寶貴的？」
管仲回答說：「應該把天當作最寶貴的。」於是，齊桓公
仰起頭望天。管仲說：「我所說的『天』，不是廣闊無邊
的天空。統治百姓的人，要把百姓當作天。對於一個國家
來說，百姓依附，國家就可安寧；百姓輔助，國家就能強
盛；百姓反對，國家就很危險；百姓背棄，國家就要滅亡。
《詩經》中說：『統治者如果不賢良，一個地方的百姓都
會怨恨他。』百姓怨恨他們的君主，而最後不滅亡其政權，
這是從來就沒有過的。」

人民群眾是國家的根基，中國歷代君王都有不同程度的愛
民、重民思想。這種對人民重要性的強調，與今天的民主
思想有著相通之處。

歷史上的三大「青天」

中國歷史上有三個著名的清官被稱作「青天」，分別是「包青天」包拯、「海青天」海瑞、「況青天」況鍾。

包拯，北宋盧州（今安徽合肥）人，字希仁。包拯為官清廉剛毅，不附權貴，鐵面無私，敢於為百姓申冤，故有「包青天」的美名。他的事蹟被演為戲文，廣泛流傳，代表性的有〈陳州糶米〉等。

海瑞，明廣東瓊山（今屬海南）人，字汝賢，自號剛峰。海瑞為官以清廉耿介著稱。對上，他剛正不阿，直言敢諫；對下，他心繫百姓，強令貪官汙吏退田還民，贏得了「海青天」的美譽。

況鍾，江西靖安人，字伯律，曾任蘇州知府。況鍾為官剛正，孜孜愛民，在任十三年，為蘇州百姓做很多好事、實事，如減徵賦稅糧、興修水利、清理冤獄等，深得百姓愛戴，人稱「況青天」。

❿愛民利民①

〔漢〕司馬遷

孝文帝②從代③來，即位二十三年，宮室苑ㄩㄢ囿ㄧㄡ④狗馬⑤服御⑥無所增益。有不便，輒ㄓㄜ⑦弛⑧以利民。嘗欲作露臺，召匠計之，直⑨百金。上曰：「百金中民十家之產，吾奉⑩先帝宮室，常恐羞之，何以臺為！」

▲漢文帝劉恒像

①選自《史記》（中華書局 1959 年版）。標題為編者所加。
②孝文帝：即漢文帝劉恒，曾被封為代王。
③代：古國名。這裡指劉恒的封地。
④苑囿：古代畜養禽獸供帝王玩樂的園林。
⑤狗馬：這裡指遊獵之物。
⑥服御：帝王後妃所用的服飾、車馬等。
⑦輒：就。
⑧弛：廢除。
⑨直：同「值」，價值。
⑩奉：恭敬地接受。這裡指繼承。

 文 意

　　孝文帝從他的封地代國來到京城繼承皇位，他在位的二十三年裡，宮殿、園林、遊獵之物、服飾及車馬器物等，什麼都沒有增加。如果有對百姓不利的政策，就立即廢除，讓百姓獲益。他曾經打算建造一座露天的高臺，把工匠召來計算成本，發現造價高達百金。孝文帝說：「百金相當於十戶中等人家的家產。我繼承先帝留下來的宮室，心裡常常擔憂，怕自己的作為會對不起先帝，如今還建造高臺來做什麼呢！」

　　要得到百姓的信賴，讓百姓幸福，讓國家富強，就必須勤政廉政，愛民利民。

33

文景之治

　　西漢初年，由於連年戰爭動亂，經濟凋敝，國力衰微。為恢復和發展經濟，穩定並鞏固新建的統治政權，漢文帝和漢景帝採取了「與民休息」「輕徭薄賦」「勸課農桑」等一系列休養生息的措施來保養民力，恢復生產。同時，文帝和景帝還厲行節約，主張「以德化民」。在他們的治理下，西漢的經濟逐步得到恢復和發展，人民生活水準有了較大提高，整個社會呈現出一片繁榮安定的景象，史稱「文景之治」。

行知園

口能誦

我會背：民為貴……

我會背：古之為政……

我會背：
仁者愛人……

我會背：齊桓公
問管仲……

我會背：
孝文帝從代來……

學而思

《孟子》中還有一些與民本思想有關的名言，讀一讀，想一想它們的意思。

七十者衣帛食肉，黎民不饑不寒，然而不王者，未之有也。
桀紂之失天下也，失其民也；失其民者，失其心也。

行且勉

我們在和他人相處的時候，應懷著一顆友善的心去對待身邊的每一個人。你是怎樣做的呢？請給大家講一講具體的事例吧！

同學生病了，我和同伴們幫他（她）補課。

乘車時，我……

……

第三單元

樂合群

　　獨學而無友，則孤陋而寡聞。古人格外重視與他人的交往，比如，在學習之初就要考察學生是否敬業樂群；重視人際交往中的君子、小人之辨，主張「和而不同」「周而不比」等，注重團結，講求和諧而不失原則。對於我們來說，這些都很有指導意義。

⑪人能群①

《荀子‧王制篇》

力不若牛，走不若馬，而牛馬為用，何也？曰：人能群，彼不能群也。

注 釋

①選自《荀子集解》（中華書局 1988 年版）。標題為編者
　所加。群，聚集。

 文 意

　　人的力氣不如牛大，奔跑不如馬快，但卻能讓牛和馬
聽從使喚，為什麼呢？回答是：人能組成社會群體，可是
牛馬卻不能這樣。

講究長幼尊卑，遵守倫理道德，是家庭
和睦幸福、社會和諧發展的重要基礎。

39

阿豺折箭

古時候，吐谷渾（ㄊㄨˇ ㄩˋ ㄏㄨㄣˊ）王國有個首領叫阿豺，他在病重之際，將他的弟弟和二十個兒子召集到病榻前。

阿豺對兒子們說：「你們每人拿一支箭來，把它折斷。」兒子們一一把箭折斷，扔在地上。

過了一會兒，阿豺又對他的弟弟慕利延說：「你拿一支箭把它折斷。」慕利延毫不費力地折斷了。阿豺又說：「你再取十九支箭來，把它們綁在一起折斷。」慕利延竭盡全力，怎麼也折不斷。

阿豺意味深長地說：「你們知道其中的道理嗎？單獨一支箭很容易折斷，聚集成眾就難以摧毀了。只要你們同心協力，我們的江山就可以穩固。」

⑫敬業樂群①

《禮記·學記》

一年視離經辨志②，三年視敬業樂群，五年視博習親師，七年視論學③取友，謂之小成。九年知類通達④，強立⑤而不反⑥，謂之大成。

①選自《禮記集解》（中華書局1989年版）。標題為編者
　所加。敬業樂群：專心於學業，樂於與朋友相處。
②離經辨志：閱讀經典，進行斷句，理解古人的立意。離，
　斷絕。這裡指斷句。辨，明察。
③論學：論說學問的是非。
④知類通達：懂得事物之間的類比關係，並能進行類推。
⑤強立：遇事不困惑。
⑥不反：不違背老師的教誨。

文 意 ··

　　　入學第一年，考查學生讀經斷句、理解文意的能力；
第三年，考查學生是否專心學業、樂於與別人交流；第五
年，考查學生是否廣泛學習、親近師長；第七年，考查學
生論說學問、選擇朋友的能力。能做到這些的叫作小成。
第九年，考查學生能否觸類旁通，遇事不惑，不違師教。
能做到這些才可算得上大成。

樂群，不僅僅是一種交際能力，更是一種人生智慧。無論
小成、大成，都要做到敬業樂群，這樣才能更好地與人和
諧相處。

領　袖

　　領，最初是指頸，後來指代衣服最靠近脖子的部分，這和今天完全一樣。而古人的「袖」則與現代的有所不同。現在所說的「袖」，古代叫作「袂」。不過，袂一般比手還要長。袂比手長的那一截就是「袖」。

　　衣領和袖都處於衣服的醒目位置。漸漸地，「領袖」就被用來比喻群體中最突出的人。如《世說新語》中說：「胡毋彥國吐佳言如屑，後進領袖。」意思是說，胡毋彥國說話時，口若懸河，滔滔不絕，是年輕人中的佼佼者。

　　「領袖」現在指群體或者組織的領導人。

⓭君子之交①

（一）

《論語·衛靈公》

君子矜ㄐㄧㄣ②而不爭，群而不黨③。

（二）

《論語·為政》

君子周④而不比⑤，小人比而不周。

（三）

《論語·子路》

君子和而不同⑥，小人同而不和。

注 釋 ....

①選自《四書章句集注》（中華書局 1983 年版）。標題為
　編者所加。
②矜：莊重，嚴謹。
③黨：古代的「黨」多指朋黨，即由私人利害關係結成的
　小集團。這裡指組成團夥。
④周：合群。
⑤比：勾結。
⑥和而不同：能和他人和睦相處，又各自有獨立的見解。

文 意 ....

（一）
　君子莊重而不與別人為私利爭執，合群卻不結黨營私。

（二）
　君子合群，卻不與人勾結；小人則相互勾結，但是不
團結。

（三）
　君子能與他人和諧相處，但保留自己獨立的見解，不
曲意逢迎；小人只追求見解完全一致，卻難和諧相處。

合群、合作、共享是成長路上的一種良好狀態，也是構建
和諧、友善人際關係的有效途徑。

王安石與司馬光

　　王安石和司馬光都是北宋時期人。兩人性情迥異，政見不一，但互相欽慕對方才華。

　　宋神宗時，王安石擔任宰相，主張變法。司馬光反對變法，主張因循舊制。宋神宗詢問王安石對司馬光的看法，王安石稱司馬光為國之棟梁，高度評價了他的人品、能力、文學造詣。宋神宗去世後，王安石被罷官，很多人向新皇帝告他的狀。新皇帝徵求司馬光的意見。司馬光回答說，王安石胸懷坦蕩，忠心耿耿，有君子之風。

⓮詩可以群①

《論語·陽貨》

　　子曰：「小子②！何莫學夫《詩》③？《詩》，可以興，可以觀，可以群，可以怨④。邇ㄦˇ⑤之事父，遠之事君。多識於鳥獸草木之名。」

注 釋

①選自《四書章句集注》（中華書局 1983 年版）。標題為
　編者所加。群，群居，結交朋友。這裡是指結交朋友的
　能力。
②小子：用作長輩對晚輩、老師對學生的稱呼。
③《詩》：即古代的詩歌總集《詩經》。
④怨：怨刺，諷諫。
⑤邇：近。

文 意

　　孔子說：「你們怎麼不學習研究《詩經》呢？閱讀《詩
經》，可以激發情志，可以提高觀察力，可以鍛鍊合群性，
可以學習諷諫、怨刺的方法。近的方面，可以用來孝敬父
母；遠的方面，可以用來服事君王；而且還可以多認識大
自然中鳥獸草木的名稱。」

　　《詩經》具有交流思想、凝聚人心的作用，讀之能使人常
懷友善之心，廣結良朋。

古代文人結社

　　古代文人結社可以追溯到唐代的「七老會」。詩人白居易與胡杲（ㄍㄠˇ）、吉皎、鄭據、劉真、盧真、張渾等人在香山（今河南洛陽龍門山之東）集會，號稱「七老會」。他們忘情山水，切磋詩藝，創作了大量的詩歌。

　　到了宋代，文彥博、富弼、司馬光等十三人，組成「洛陽耆（ㄑㄧˊ）英會」，置酒賦詩。宋末元初，吳渭、方鳳、謝翱、吳思齊等創立月泉吟社，影響極大。

　　明代到清朝初年，是文人結社的鼎盛時期。袁宏道、袁中道、袁宗道三兄弟在其家鄉公安縣分別結陽春社、城南社、南平社，形成「公安派」。明末士大夫張溥等在蘇州虎丘成立了復社，其規模之大，前所未有。

行知園

我會背：力不若牛，走不若馬……

我會背：一年視離經辨志……

我會背：君子矜而不爭……

我會背：何莫學夫《詩》……

學而思

讀一讀下列與團結、和諧相關的名言警句，體會其中含義。

天時不如地利，地利不如人和。

——《孟子·公孫丑下》

二人同心，其利斷金。

——《周易·繫辭上》

上下同欲者勝。

——《孫子兵法·謀攻》

行且勉

讓我們團結合作，一起來跳兔子舞吧。

遊戲規則：

（1）此遊戲適合 6 個以上的人參加，但人數不宜過多。

（2）除了發令者外，其他人排成一隊，要求後面的同學用雙手搭在前面同學的雙肩上。

（3）發令者站在一邊發號施令：左腳跳兩下，右腳跳兩下，雙腿合併向前跳一下，向後跳一下，再連續向前跳兩下。

（4）其他人聽從口令，全神貫注地做出統一的動作。

相關討論：

（1）玩此遊戲的時候，多久會出現步調不一致的地方？為什麼會出現這種情況？

（2）用什麼方法可以使大家的步調保持一致？

第四單元

嚴律己

嚴於律己，就是用高標準嚴格要求自己，這是一種自覺的修養，是中華民族的傳統美德。古人無論是對外在的儀容修飾、言談舉止，還是對內在的道德素質、學識修養，都有嚴格的要求。君子責己，小人責人，嚴於律己的人，才能做到心底無私，處事公正，從而贏得大家的信任與尊重。

⑮君子之道①

《墨子·修身》

君子之道也，貧則見②廉，富則見義，生則見愛，死則見哀。四行③者不可虛假，反之身者也。藏於心者無以竭④愛，動於身者無以竭恭，出於口者無以竭馴⑤。

①選自《墨子校注》（中華書局 1993 年版）。
　標題為編者所加。
②見：同「現」，表現，顯現。
③四行：四種品行。
④竭：竭盡，窮盡。
⑤馴：雅馴，高雅，典雅。

文 意

　　君子的言行準則包括如下四個方面：貧窮時表現出廉潔，富足時表現出恩義，對生者表示出仁愛，對死者表示出哀痛。這四種品行不是可以裝出來的，而是必須從內心表現到行為上的。存在於內心的，是無窮的慈愛；表現在行為上的，是無比的謙恭；出自口中的那些言語，是非常的典雅。

品行是為人的根本。君子的所作所為，都應發自於內心，不可以虛假。講究誠信、待人友善都是君子應該具備的優良品質。

花中四君子

　　花中四君子指的是梅、蘭、竹、菊這四種植物。梅花不畏嚴寒，傲霜鬥雪；蘭花空谷幽香，與世無爭；竹子修長挺拔，經冬不凋；菊花美麗絕俗，恬然自處。千百年來，花中四君子以其清雅淡泊的品質，一直為世人所鍾愛，成為中華民族人格品性的文化象徵，是中國畫的傳統題材。

⑯律己愛民①

〔宋〕陳亮

嚴於律己，出②而見之事功；
心乎愛民，動必關③夫治道④。

①選自《陳亮集》（中華書局 1974 年版）。本文標題為編
　者所加。
②出：出仕，出任官職。
③關：密切相關。
④治道：治理之道。

文 意

　　嚴格要求自己，這樣在出任官職的時候，其效果就能
體現在事業成就上；心裡要想著愛護百姓，一舉一動都要
與治理之道密切相關。

嚴於律己，關心國家的富強、人民的
幸福，是我們要追求的境界。

四知太守

　　楊震，字伯起，東漢弘農華陰（今屬陝西）人，通曉經文，風雅清正，志存高遠，人稱「關西孔子」。楊震調任東萊（今屬山東）太守，上任時路過昌邑縣（今屬山東），時任昌邑縣令的王密是楊震以前舉薦的。夜深人靜之時，王密攜帶重金前來拜訪楊震，以謝其知遇之恩，楊震堅決不收。王密急切之下說：「現在是深夜，沒有人知道。」楊震說：「此事天知、神知、我知、你知，怎麼能說沒有人知道？」王密深感慚愧，告辭退出。後人因此稱楊震為「四知太守」。

⑰ 敦品勵行①

〔清〕金纓

　　人以品為重，若有一點卑汙②之心，便非頂天立地漢子。

　　品以行為主，若有一件愧怍（ㄗㄨㄛˋ）③之事，即非泰山北斗④品格。

注 釋

①選自《格言聯璧》（中州古籍出版社
　2010年版）。標題為編者所加。敦，督
　促，勉勵。勵，激勵，勉勵。
②卑汙：卑賤，汙濁。
③愧怍：羞愧，慚愧。
④泰山北斗：比喻德高望重或成就卓著的人。

文 意

　　做人要以品德為重，如果有一點卑汙骯髒的心思，就
不是頂天立地的男子漢。
　　品德修養要以行事為主，如果有一件愧對良心的事情，
就不是泰山北斗的品格。

做人要砥礪品德，不斷淨化自己的心靈。

北斗七星

北斗七星是指位於北天的天樞、天璿、天璣、天權、玉衡、開陽、搖光七顆星，古人把這七顆星聯繫起來，將其想像成舀酒的斗，故稱北斗。

古人很重視北斗七星，因為可以利用它來辨方向、定季節。北極星是北方的標誌，北斗七星圍繞著北極星轉動，找到北斗七星，就可以找到北極星，確定北方。古人又根據黃昏時斗柄所指的方向來確定季節：斗柄指東，就到了春季；斗柄指南，就到了夏季；斗柄指西，就到了秋季；斗柄指北，就到了冬季。

⑱不負暗室①

〔唐〕姚思廉

　　昭所蒞_{ㄌㄧ}官②，常以清靜③為政，不尚嚴肅。居朝廷，無所請謁_{ㄧㄝ}④，不畜_{ㄒㄩ}私門生，不交私利。……子婦⑤嘗得家餉_{ㄒㄧㄤ}⑥牛肉以進，昭召其子曰：「食之則犯法，告之則不可，取而埋之。」其居身行己⑦，不負暗室，類皆如此。

注　釋

①選自《梁書》（中華書局 1973 年版）。標題為編者所加。

　　不負暗室：身處在黑暗的房間裡也不愧疚，指問心無愧。

②蒞官：赴任官職。

③清靜：清靜無為。

④請謁：請求謁見。這裡指拜會上司。

⑤子婦：兒媳婦。

⑥餉：贈送。

⑦居身行己：立身行事。

文　意

　　傅昭做官時，一直堅持清靜無為的政策，不提倡過於嚴厲的方式。他在朝廷中，不隨便去拜會上司，不招養門客與學生，不因為私人利益而與人交往。……他的兒媳婦曾經把娘家送來的牛肉奉送給他吃，傅昭叫來兒子說：「吃了就犯法（當時耕牛很少，吃牛肉屬犯法行為），向官府報案又不妥當，拿去埋了吧。」傅昭立身行事，嚴於律己，問心無愧，大抵都是這樣的。

言行一致，表裡如一，慎獨慎微，方為道德高尚之人。傅昭可以說是嚴於律己、處事公正的典範，值得我們學習。

門 生

　　門生是相對於宗師而言的，泛指學生與弟子。門生的出現與中國古代選拔人才的方式有關。漢代，朝廷選拔人才的方式主要為察舉制和徵辟制，被舉薦的人有機會被朝廷重用。於是那些追求功名利祿的人，紛紛投靠到官僚門下，充當門生，希望被舉薦。到了東漢中後期，這些門生與宗師逐漸形成私人依附關係，他們要為宗師做各種事情，甚至做不法之事。隋唐以後，科舉制成為選拔官吏的主要方式，考生考中進士後，對主考官自稱門生，雖有投靠之意，但已沒有依附關係。後世門生，主要是指學術上的師承關係，門生逐漸成為「學生」的代名詞。

⑲ 查（ㄓㄚ）道掛錢①

《宋史·查道傳》

查道字湛（ㄓㄢ）然，歙（ㄒㄧ）州休寧②人。……道性淳厚③，有犯④不較⑤，所至務寬恕⑥。……嘗出按部⑦，路側有佳棗，從者摘以獻，道即計直掛錢於樹而去。

▶〈清風高節圖〉〔明〕夏昶

注 釋

①選自《宋史》（中華書局 1985 年版）。標題為編者所加。
　查道，北宋大臣。
②歙州休寧：地名，在今安徽境內。
③淳厚：淳樸厚道。
④犯：冒犯。
⑤較：計較。
⑥務寬恕：力求做到寬恕。
⑦按部：巡視所管轄的地區。

文 意

　　查道，字湛然，是歙州休寧人。……查道天性淳樸厚道，別人冒犯了他，他從不計較，所到之處，總是寬厚待人。……他曾經外出巡視自己所管轄的地方，路邊棗子長得很好，隨從摘了一些獻給他，他算好了那些棗子的價錢，將錢掛在樹上後才離去。

嚴於律己，秋毫無犯，小事中彰顯大品德。為官者也只有堅持廉潔公正，才能在百姓心中樹立起良好的形象。

秋毫無犯

　　秋毫，指鳥獸在秋天新長出的細毛，比喻極微小的事物。秋毫無犯，指絲毫不侵犯別人的利益，常用來形容軍隊紀律嚴明。

　　秦朝末年，各地反秦鬥爭風起雲湧。韓信最初投奔項羽，因得不到重用，又投奔劉邦。在蕭何的推薦下，劉邦拜韓信為大將軍。楚漢相爭時，韓信為劉邦分析了雙方的形勢，把劉邦與項羽進行了一番對比，說劉邦的軍隊對百姓秋毫無犯，可以取得天下。後來，韓信幫助劉邦打敗了項羽，成為西漢的開國功臣。

行知園

我會背：
君子之道也……

我會背：
嚴於律己……

我會背：
人以品為重……

我會背：
昭所萲官……

我會背：查道字
湛然……

學而思

讀一讀下面的名言，試著說一說它們的意思。

形枉則影曲，形直則影正。　　　　　　——《列子·說符》

以言責人甚易，以義持己實難。　　　　　——蘇　轍

待人要豐，自奉要約；責己要厚，責人要薄。　——陳弘謀

　　「律」的甲骨文為 ， （彳，遵行）+ （聿，手抓毛筆書寫），表示書寫在冊的行事準則。所以，「律」字的本義就是寫入法典、供人們處事遵行的條文、規則、法規。你在生活中是怎樣嚴格要求自己的？請告訴大家。

甲骨文	金文	篆文	隸書	楷書

心專一

用心專一，是一種良好的個人素質。

做任何事情，都能全身心地投入，全神貫注地去完成；從事任何工作，都能愛崗敬業，盡職盡責地去做好。這體現出一個人高度的自信與自律。古今中外，凡是有成就的人，他們成功的奧祕之一，就是用心專一，堅持不懈。

⓴ 專心一志①

《荀子·性惡篇》

今使塗②之人伏③術④為學，專心一志，思索孰⑤察，加日縣（ㄒㄩㄢˊ）久⑥，積善而不息，則通於神明⑦，參（ㄙㄢ）⑧於天地矣。

▲〈文苑圖〉〔五代〕周文矩

71

①選自《荀子集解》（中華書局 1988 年版）。標題為編者
　所加。
②塗：通「途」，道路。
③伏：通「服」，從事。
④術：道。這裡指施行仁義的方法。
⑤孰：同「熟」，仔細，詳細。
⑥縣：同「懸」，遙遠，很長。
⑦神明：一切神靈的總稱。
⑧參：同「三」，配合成三。

　　現在讓普通人掌握施行仁義的方法，專心致志，認真
思索，仔細考察，日久天長，堅持而不停息，就可以達到
神明的境界，與天地相並列。

目標明確，用心專一，永不放棄，才能成功。

心猿意馬

　　古人云：「心猿不定，意馬四馳，神氣散亂於外。」「心猿」比喻人的心思散亂，不能專注，如同猿猴亂蹦；「意馬」比喻心神不定，浮躁不安，如同野馬奔馳，難以控制。兩者合在一起，就是我們常見的成語「心猿意馬」，形容心思不專，變化無常。

　　古人很注重修身養性，強調要控制情緒，冷靜理智，心志專一。《西遊記》裡的孫悟空是隻猴子，沒有片刻安寧，隱喻心猿；而白龍馬，則隱喻意馬。孫悟空和白龍馬，正是唐僧最先接收的兩個徒弟。唐僧能降服孫悟空和白龍馬，歷盡艱辛，最終從西天取回真經，正說明一個人只有克服「心猿意馬」，才能走向成功。

㉑ 高鳳誦經①

〔南北朝〕范曄

高鳳字文通，南陽葉② 人也。少為書生，家以農畝③ 為業，而專精誦讀，晝夜不息。妻嘗之④ 田，曝ㄆㄨˋ⑤ 麥於庭，令鳳護雞。時天暴雨，而鳳持竿誦經，不覺潦水⑥ 流麥。妻還ㄏㄨㄢˊ怪問，鳳方悟之。其後遂為名儒，乃教授業於西唐山中。

注 釋

①選自《後漢書》（中華書局 1965 年版）。標題為編者所加。

②南陽葉：南陽郡葉縣。

③農畝：農耕。

④之：去，到。

⑤曝：晒。

⑥潦水：雨後的積水。

文 意

　　高鳳，字文通，是南陽郡葉縣人。他還是一個年輕書生的時候，家裡以種田為生，而他專心讀書，日夜不停。有一次，他的妻子到田裡去幹活，把麥子晒在院子裡，讓高鳳看著，不讓雞去吃麥子。當時天降暴雨，而高鳳卻手拿竹竿一心誦讀經書，沒有發覺雨水沖走了麥子。妻子回來後責問他，他才醒悟過來。高鳳後來成了著名的學者，在西唐山中教授學生。

有了興趣，就會專心致志，外界的任何變化都影響不了你。

中國古代讀書人的稱謂

　　高鳳專心讀書，麥子被雨水沖走了也不知道，後人就用「流麥士」來稱呼那些專心致志的讀書人。中國古代對讀書人還有不同的稱謂，例如：

　　書種：讀書種子，意為世代相承的讀書人。

　　書痴：即書呆子。

　　書簏：比喻讀書多而不善於運用的人。

　　書庫：比喻飽學博識之士。

　　書癲：比喻讀書入迷、忘形似癲，也叫書迷。

　　書廚：比喻學問淵博之人，也諷喻讀書雖多卻不會運用的人。

　　學究：古代泛稱儒生，後常指迂腐的儒生。

　　白面書生：指年輕文弱的讀書人。

　　白衣秀士：指沒有取得功名的讀書人。

㉒心不兩用①

〔南北朝〕劉晝

使左手畫方，右手畫圓，令一時俱成，雖執規矩②之心，回剞ㄐㄧ厥ㄐㄩㄝ③之手，而不能者，由心不兩用，則手不並運也。

注 釋

①選自《劉子校釋》（中華書局 1998 年版）。標題為編者
　所加。

②規矩：規和矩，古代校正圓形和方形的兩種工具。

③剞劂：雕刻用的刀和鑿子。剞，一作「剙（ㄅㄨㄛˊ）」。

 文 意

　　如果讓一個人左手畫方形，右手畫圓形，
要求在同一時間完成，即使他的心能如規和
矩一樣精準，手能靈活使用雕刻工具，也不
能辦到，這是一心不能兩用，雙手不能同時
運作的緣故。

一心不能二用，古人早就告訴過我們
這個道理。心無雜念，全力以赴去做
好一件事，是許多人成功的經驗。

規　矩

　　在古代，規和矩是校正圓形、方形的兩種工具。很長一段時間以來，人們並不清楚它們的具體形狀。漢代畫像石上女媧和伏羲的握規執矩圖，為我們提供了極為重要的實物根據。

　　從石刻圖來看，規有平行的兩腳，一腳定心，一腳畫圓，與現在的圓規極為相似，能夠繪製圓弧和圓。

　　伏羲所執的矩，則和現在木工使用的角尺形狀完全一樣，能畫出垂直或者平行的直線，以及某些幾何圖形。除了規、矩之外，再加上準、繩、墨等工具的應用，才使古代出現了描繪精確、線形規整的圖形。

　　後來，中國古代思想家又將規矩引申為程式、法則、法度，如「守規矩」。

㉓王冕好學①

〔明〕宋濂

王冕者，諸暨（ㄐㄧˋ）②人。七八歲時，父命牧牛隴（ㄌㄨㄥˇ）③上，竊入④學舍，聽諸生誦書，聽已，輒默記。暮歸，忘其牛。或⑤牽牛來責蹊（ㄒㄧ）田⑥，父怒，撻（ㄊㄚˋ）⑦之。已而復如初。

〈讀書圖〉〔清〕林樾

80

注 釋

①選自《宋濂全集》（浙江古籍出版社 1999 年版）。標題
　為編者所加。
②諸暨：今浙江諸暨。
③隴：通「壟（ㄌㄨㄥ∨）」，田埂。
④竊入：偷偷地進入。
⑤或：有人。
⑥蹊田：踐踏田裡的禾苗。
⑦撻：用鞭子、棍子等打人。

 文 意

　　王冕是浙江諸暨人。七八歲的時候，有一次，父親讓
他到田埂上放牛，他卻偷偷地跑進學堂，聽學生們讀書，
聽完以後，就默默地記下來。晚上回家，王冕把牛給忘記
了。有人牽牛來責怪牛把禾苗踩壞了，王冕的父親很生氣，
就打了他一頓。但是沒過多久，王冕又和以前一樣。

勤奮好學，專心讀書，必能成為有學問的人。

王 冕

　　王冕，字元章，號煮石山農，元朝著名的畫家、詩人、篆刻家。他出身貧寒，自幼好學，經常一邊放牛，一邊自學繪畫、讀書，終於成為畫家、詩人。王冕的生活經歷對他的詩和畫影響很深，貧苦樸實的山村生活賦予他的詩、畫以濃厚的生活氣息，使他的詩、畫不同凡俗。王冕以畫梅著稱，他畫的梅簡練灑脫，別具一格。他的詩大多同情人民疾苦，譴責豪門貴族，輕視功名利祿，描寫田園隱逸生活。

口能誦

我會背：
今使塗之人伏術為學……

我會背：
高鳳字文通……

我會背：
使左手畫方……

我會背：
王冕者……

學而思

1. 想一想，專心致志與「敬業」有什麼關連嗎？試舉例說明。

2. 關於「專心致志」的名言還有很多，讀一讀下面的句子，說說它們的意思。

　　思心一至，不聞雷霆。　　　　　　——《人物志·材理》

　　目不能兩視而明，耳不能兩聽而聰。——《荀子·勸學》

行且勉

　　不管做什麼事情，都要集中注意力，專心致志，否則很難成功。下面，我們來做一個訓練注意力的小遊戲吧！
　　仔細聽下面兩組句子，快速找出它們的不同。

樹林裡的動物和植物充分享受著大自然的陽光和雨露。

森林裡的動物和植物充分享受著大自然的陽光和雨水。

　　我有一個美麗的願望，長大後做一個植物學家，種出世界上最美麗的花送給媽媽。

　　我有一個美好的願望，長大後做一個植物學家，種出世界上最漂亮的花送給媽媽。

第六單元

山水趣

巍峨的山嶽，靈動的流水，不僅能帶給我們美的感受，更能淨化我們的心靈，陶冶我們的性情。山山水水中，蘊藏著無窮趣味、無盡奧祕，等待我們去發現，去探索。

㉔ 樂㄂山樂水①

《論語·雍也》

子曰：「知ㄓˋ②者樂水，仁者樂山；知者動③，仁者靜；知者樂ㄌㄜˋ④，仁者壽⑤。」

 釋

①選自《四書章句集注》（中華書局 1983 年版）。標題為
　編者所加。樂，喜好，欣賞。
②知：同「智」，聰明，有智慧。
③動：靈動，靈活。
④樂：快樂。
⑤壽：長壽。

文 意

　　孔子說：「有智慧的人喜歡水，有仁德的人喜歡山；
有智慧的人靈動，有仁德的人沉靜；有智慧的人快樂，有
仁德的人長壽。」

智者與仁者，都能發現山水中的雅趣，與山水相通。

宗炳臥遊山水

宗炳（375—443），字少文，南朝宋畫家，南陽涅陽（今河南鄧州東北）人。朝廷屢次徵召，他都推辭，不願做官。

宗炳酷愛山水，他漫遊山水三十餘年，遊歷過無數名山大川。他晚年病居江陵（今屬湖北），不能再涉足山水，常常感歎不已。於是將平生所遊之地，用畫筆繪於室內的牆上，即使是臥在床上，也可以時時欣賞，自稱是「澄懷觀道，臥以遊之」。他還常常撫琴，讓牆上的山水在清雅的琴聲中靈動起來，自己也仿佛如往昔一樣，置身於山水之間。

㉕山居即事①

〔唐〕王維

寂寞掩②柴扉ㄈㄟ③，

蒼茫對落暉。

鶴巢④松樹遍，

人訪蓽ㄅㄧ門⑤稀。

嫩竹含新粉，

紅蓮落故衣⑥。

渡頭燈火起，

處處採菱歸。

▲〈仿王詵採菱圖〉 〔清〕王翬

89

①選自《王維集校注》（中華書局 1997 年版）。
②掩：關，合。
③柴扉：柴門，簡陋的門。
④巢：鳥窩。這裡指鳥歇宿。
⑤蓽門：用荊條或竹子編成的門，常指房屋簡陋破舊。
⑥落故衣：蓮花凋謝時花瓣脫落。

 文 意

　　寂靜、冷清的山上，我輕輕地關上柴門，在蒼茫的暮色中望著夕陽。松樹間到處棲息著鶴，我簡陋的居所少有人來訪。嫩綠的竹子上，還掛著一層白粉，紅蓮花的花瓣已經脫落。在渡口那裡，亮起了點點燈火，到處都是採菱歸來的人。

　　用心感受自然的無限生機，用心體悟他人的快樂，你的心中也會充盈著生命的愉悅。

山水田園詩

　　山水田園詩是中國詩歌史上一個重要的流派，多描寫山水美景、田園風光以及隱居生活，意境優美雋永，風格恬靜淡雅，語言清麗簡潔。南朝宋謝靈運是山水詩的開創者，一生寫下了大量描寫山水的詩歌。東晉的陶淵明是田園詩的開創者，代表作有〈歸園田居〉等。這種以山水、田園為內容的詩歌創作不斷發展，到了唐代，就形成了以王維、孟浩然為代表的山水田園詩派。王維的山水詩，清逸雅致，在描繪自然美景的同時，表現出詩人遠離塵俗的願望。

▲〈湖山清夏圖〉（局部）〔明〕吳偉

㉖壽陽曲·遠浦ㄆㄨ帆歸①

〔元〕馬致遠

夕陽下，酒斾ㄆㄟ②閑，

兩三航③未曾著岸。

落花水香茅舍④晚，

斷橋頭賣魚人散。

①選自《全元散曲》（中華書局 1964 年版）。浦，水邊。
②酒斾：酒旗。酒家將其懸掛在門前以吸引顧客。
③航：船。
④茅舍：茅草房。

　　夕陽西下，酒旗安靜地懸掛在門前，江面上還有兩三艘小船沒有靠岸。落花流水，暗香浮動，茅舍漸漸被夜色籠罩，斷橋頭賣魚的人也都散去了。

　　和諧、美好、恬靜，大自然的一切都讓人沉醉。普通的生活，平凡的勞作，都是生命旅途中的美麗風景。

散　曲

　　散曲是曲的一種體式，和詩詞一樣，用於抒情、寫景、敘事，無賓白科介（說白及動作提示），便於清唱。元代散曲最為盛行，是當時韻文的主要形式，是配合當時北方流行的音樂曲調而撰寫的歌詞，代表了元代詩歌創作的最高成就。關漢卿、白樸、馬致遠、鄭光祖是元代散曲的代表人物，其中以馬致遠的成就最為突出。散曲分為小令和散套兩大類，馬致遠的〈壽陽曲‧遠浦帆歸〉是一首小令。

27 雁兒落兼得勝令‧退隱（節選）①

〔元〕張養浩

雲來山更佳，

雲去山如畫。

山因雲晦明②，

雲共山高下。

倚③杖立雲沙④，

回首見山家⑤。

野鹿眠山草，

山猿戲野花。

▲〈清江流雲圖〉　溥儒

①選自《全元散曲》（中華書局 1964 年版）。
②晦明：陰晴、明暗的變化。
③倚：倚靠。
④雲沙：這裡指雲海。
⑤山家：山裡的人家。

　　白雲飄來的時候，山峰迷蒙，景色更美。白雲散去的時候，山色清明，風景如畫。山巒隨著雲彩的飄游忽明忽暗，雲彩隨著山勢的高低忽上忽下。我倚著手杖站立在高山雲海之中，回過頭來，看見了山裡的人家。野鹿在草叢中臥伏，猿猴在野花中嬉戲。

　　一切景語皆情語。有了心靈世界的豐富，才會有眼前世界的精彩。

詩人與雲

　　歸雲、停雲、行雲、浮雲、愁雲、朝雲、暮雲、秋雲、碧雲、黃雲、黑雲、白雲⋯⋯古詩中，雲的形態萬千，絢麗多姿。

　　雲，本是自然現象，但在文學作品中，它被賦予了不同的思想情感。

　　陶弘景〈詔問山中何所有賦詩以答〉：「山中何所有？嶺上多白雲。只可自怡悅，不堪持贈君。」以白雲象徵一種超塵出世的生活境界，韻味悠長，千古傳誦。

　　李白〈送友人〉：「浮雲遊子意，落日故人情。」以漂泊不定的浮雲來象徵遊子，勾起了羈旅情愁。

　　劉禹錫〈秋詞二首〉：「晴空一鶴排雲上，便引詩情到碧霄。」寫出了秋高氣爽、萬里晴空的開闊景象。

行知園

口能誦

我會背：知者樂水……

我會背王維的
〈山居即事〉。

我會背馬致遠的
〈壽陽曲·遠浦
帆歸〉。

我會背：
雲來山更佳……

學而思

讀一讀下面這首詩，說一說詩的意思，想一想詩中的畫面。

山居秋暝

〔唐〕王維

空山新雨後，天氣晚來秋。
明月松間照，清泉石上流。
竹喧歸浣女，蓮動下漁舟。
隨意春芳歇，王孫自可留。

行且勉

　　「春有百花秋有月，夏有涼風冬有雪」，一年四季都有美麗的風景。請拿起手中的筆，畫出你心中最美的山水，再配上精彩的詩句。

A0601A04

朝讀經典 4：敬業樂群

主　　編　　馮天瑜
版權策劃　　李　鋒

發 行 人　　陳滿銘
總 經 理　　梁錦興
總 編 輯　　陳滿銘
副總編輯　　張晏瑞
編 輯 所　　萬卷樓圖書股份有限公司
特約編輯　　王世晶
內頁編排　　小　草
封面設計　　小　草
印　　刷　　維中科技有限公司

出　　版　　昌明文化有限公司
　　　　　　桃園市龜山區中原街 32 號
電　　話　　(02)23216565
發　　行　　萬卷樓圖書股份有限公司
　　　　　　臺北市羅斯福路二段 41 號 6 樓
　　　　　　之 3
電　　話　　(02)23216565
傳　　真　　(02)23218698
電　　郵　　SERVICE@WANJUAN.COM.TW

大陸經銷　　廈門外圖臺灣書店有限公司
電　　郵　　JKB188@188.COM

ISBN978-986-496-381-2
2018 年 8 月初版
定價：新臺幣 400 元

如何購買本書：

1. 劃撥購書，請透過以下帳號
　 帳號：15624015
　 戶名：萬卷樓圖書股份有限公司
2. 轉帳購書，請透過以下帳戶
　 合作金庫銀行古亭分行
　 戶名：萬卷樓圖書股份有限公司
　 帳號：0877717092596
3. 網路購書，請透過萬卷樓網站
　 網址 WWW.WANJUAN.COM.TW

大量購書，請直接聯繫，將有專人為
您服務。(02)23216565 分機 10
如有缺頁、破損或裝訂錯誤，請寄回
更換

國家圖書館出版品預行編目資料

朝讀經典 .4：敬業樂群 / 馮天瑜主編 .-- 初版 .
-- 桃園市：昌明文化出版；臺北市：萬卷樓發行，
2018.08
100 面；18.5x26 公分
ISBN 978-986-496-381-2(平裝)
1. 國文科 2. 漢學 3. 中小學教育
523.311　　　　　　　　　　107014419